新 니하오 어린이 중국어

4

원호영 · 전금(钱锦) 지음

JPLUS
Language Publishing Co.

눈으로 보고!

난난은 가족들과 함께 아빠가 일하고 계신 중국 상하이로 떠나게 됩니다. 중국에서 학교에도 다니고 새로운 친구들을 만나며 조금씩 중국 생활에 적응해 갑니다. 좌충우돌 펼쳐지는 난난의 중국 생활을 통하여 생생한 중국어를 느끼게 하였습니다.

귀로 듣고!

중국어를 빠르게 익힐 수 있는 방법 중의 하나가 바로 자주 듣는 것입니다. 재미있게 구성된 MP3 음원을 들으면서 중국어에 익숙해지도록 하였습니다.

입으로 따라한다!

쉽고 간단한 표현들을 반복적으로 따라하면서 주요 문장을 익히고, 각 과마다 꾸준히 발음을 연습하도록 하였습니다. 또 중간중간 노래를 따라 부르면서 즐겁게 중국어를 배울 수 있게 하였습니다.

"우리 아이들은 앞으로 더 넓은 무대에서 세계인으로 살아가겠죠? 그렇다면 이웃 나라인 중국 사람들과 더불어 살아가는 것은 더 이상 선택이 아닐 겁니다. 신나고 재미있게 중국어를 배우기 시작한 친구들에게 난난을 통해 변해가는 중국의 모습과 생생한 중국어를 보여주고 싶었습니다. 이 교재로 공부한 친구들이 이 다음에 단순히 말을 옮기는 사람이 아니라, 마음을 옮기는 훌륭한 사람이 되길 소망합니다." - 원호영

"亲爱的小朋友们 : 你们好! 欢迎你们跟我学汉语。从《신니하오 어린이 중국어》第四册开始，李南南跟家人去了中国上海。她在中国学校上学，认识了很多新朋友，还了解了中国小学生的校园文化。你们一定很好奇吧? 那么就快翻开课本，一起去看看南南的中国生活吧!" - 钱锦

모두 들어 있어요~

 워크북

본 책에서 배운 내용들을 복습하고 실력을 다져요.

 MP3 바로듣기

정확한 네이티브의 발음을 듣고 따라하며 재미있게 공부해요.

 노래·동시

신나는 노래와 예쁜 동시가 수록되어 있어요.

 자르기 오리기

게임에서 활용할 수 있는 자르기와 오리기 자료가 들어 있어요.

 스티커 붙이기

스티커를 붙이며 입체적으로 학습해요.

 종합평가판

전체 배운 내용을 확인해 볼 수 있어요.

이 책의 구성

본문 회화

핵심이 되는 기본 문장을 통하여 이야기의 문을 열면서
흥미를 돋우도록 하였습니다. 생동감 있는 삽화로 어떤
상황에서 이루어지는 대화인지 알 수 있도록 도왔습니다.

✱ 한글 해석은 부록에 있어요.

听和说 tīng hé shuō

한 걸음 더! 앞에서 배운 기본표현을 반복해서 연습하고,
확장해 보도록 하였습니다.

一起玩儿吧 yìqǐ wánr ba

신나게 놀아요! 매 과마다 다양하고 재미있는 게임을
하면서 중국어와 더 가까워지도록 하였습니다.

讲一讲 jiǎng yi jiǎng

그림 보며 이야기해요! 빈칸에 들어갈 표현을 고르고,
그림을 보며 다른 사람에게 이야기를 들려주듯 말하면서
본문에서 배웠던 내용을 다시 한번 익히게 하였습니다.

做一做 zuò yi zuò

이제 자신 있어요! 배운 내용을 다시 한번 짚어 보면서 좀 더
중국어에 자신감을 가지도록 하였습니다.

唱一唱 chàng yi chàng

중국어로 신나게 따라 불러요!
✱ 중국어 가사는 부록에 있어요.

차례

新 니하오 어린이 중국어 ① 에서 배워요.

1
- Nǐ hǎo!
- Zàijiàn!
- Wǒ shì Nánnan.

· 인사하기
· 만났을 때 하는 말
· 헤어질 때 하는 말
· 我 나, 你 너,
  他/她 그, 그녀

6
- Nǐ jǐ suì?
- Wǒ qī suì.

· 숫자 익히기
· 나이 묻고 대답하기
· 几 몇

2
- Xièxie!
- Bú kèqi!
- Duìbuqǐ!
- Méi guānxi!

· 감사의 표현과 대답
· 사과의 표현과 대답

7
- Nǐ shǔ shénme?
- Wǒ shǔ niú.

· 12개의 띠 동물
· 띠 묻고 대답하기

3
- Nǐ jiào shénme míngzi?
- Wǒ jiào Nánnan.
- Nǐ ne?

· 이름 묻고 답하기
· 什么 무엇

8
- Tā shì shéi?
- Tā shì wǒ bàba.

· 가족 호칭 익히기
· 누구인지 묻고 답하기
· 谁 누구

4
- Nǐ shì Hánguórén ma?
- Wǒ bú shì Hánguórén.
- Nǐ shì nǎ guó rén?

· 국적 묻고 대답하기
· 吗? ~입니까?
· 哪 어느
· 是 이다 /
  不是 아니다

9
- Nǐ jiā yǒu jǐ kǒu rén?
- Wǒ jiā yǒu wǔ kǒu rén.
- Méiyǒu.

· 가족 소개하기
· 가족이 몇 명인지 묻고 대답하기
· 口 식구를 세는 양사
· 和 ~와, 그리고

5
- Wǒ xǐhuan hóngsè.
- Wǒ bù xǐhuan hóngsè.
- Nǐmen xǐhuan shénme yánsè?

· 좋아하다
· 싫어하다
· 不 + 동사

10
- Zhè shì shénme?
- Nà shì shénme?

· 사물 묻고 대답하기
· 这 이, 이것
· 那 저, 저것

新 니하오 어린이 중국어 ❷ 에서 배워요.

①	· Nǐ qù nǎr? · Wǒ qù yīyuàn. · Wǒmen yìqǐ qù ba!	· 어디로 가는지 묻고, 대답하기 · 장소 이름 익히기 · 哪儿 어디 · 一起 같이, 함께
②	· Jīntiān jǐ yuè jǐ hào? · Jīntiān xīngqī jǐ?	· 날짜 묻고 답하기 · 요일 묻고 답하기
③	· Xiànzài jǐ diǎn? · Xiànzài qī diǎn.	· 몇 시 인지 묻고, 대답하기 · 上午 아침 · 下午 오후 · 晚上 밤
④	· Nǐ huì yóuyǒng ma? · Wǒ bú huì yóuyǒng.	· 할 줄 안다 / 할 줄 모른다 · 운동 이름 익히기 · 打 치다 · 踢 차다
⑤	· Nǐ yào mǎi shénme? · Duōshao qián? · Bā kuài.	· 가격 묻고, 대답하기 · 문구 이름 익히기 · 块 위엔(중국 화폐 단위)
⑥	· Nǐ xiǎng chī shénme? · Wǒ xiǎng chī hànbǎobāo. · Wǒ xiǎng hē niúnǎi.	· 하고 싶은 것 말하기 · 음식 이름 익히기 · 먹다 / 마시다
⑦	· Nǐ zài gàn shénme? · Wǒ zài xuéxí.	· 하고 있는 것 말하기 · 동작에 대한 표현 익히기
⑧	· Wǒ bǐ nǐ gāo. · Wǒ bǐ nǐ dà.	· 비교 표현 익히기 · 반대되는 말 익히기
⑨	· Wéi! · Nánnan zài jiā ma? · Děng yíxià.	· 전화할 때 쓰는 표현 · 等一下 잠시 기다리세요
⑩	· Jīntiān tiānqì zěnmeyàng? · Jīntiān qíngtiān.	· 날씨를 묻는 표현 익히기 · 날씨에 관한 표현 익히기

新 니하오 어린이 중국어 ③ 에서 배워요.

1	· Nǐ kěyǐ yòng wǒ de. · Xièxie! · Bié dānxīn!	· 허가를 구하는 표현 익히기 · 别 ~하지 마라 · 的 ~의 것
2	· Nǐ yě néng qù ma? · Wǒ bù néng qù.	· 할 수 있다 / 할 수 없다 · 이유를 묻고, 대답하기
3	· Nǐ nǎr bù shūfu? · Wǒ tóuténg, sǎngzi téng.	· 어디가 아픈지 묻고, 대답하기 · 증상에 관한 표현 익히기
4	· Wǒ de fángjiān li yǒu yì zhāng chuáng.	· 방 안 물건 말하기 · 양사 익히기 · 里 안 · 还有 그리고
5	· Nǐ qù nǎr? · Wǒ qù bǎihuòshāngdiàn mǎi yīfu.	· 무엇을 하러 어디에 가는지 묻고, 대답하 기 · 然后 그리고 나서
6	· Qù bǎihuòshāngdiàn zěnme zǒu? · Yìzhí wǎng qián zǒu, jiùshì bǎihuòshāngdiàn.	· 길과 방향에 관한 표현 익히기 · 往 ~로 향하여
7	· Tā pǎo de zhēn kuài! · Tā yě pǎo de zhēn kuài!	· 정도를 나타내는 말 익히기 · 得 ~한 정도가 어떠 하다
8	· Nǐ yě kànguo ba? · Dāngrán! Wǒ yě kànguo xióngmāo.	· 경험 묻고, 대답하기 · 过 (동사 뒤) ~한 적 있 다 · 当然 당연하다
9	· Wǒ dǎsuàn qù yéye jiā wánr, nǐ ne? · Wǒ dǎsuàn qù Zhōngguó lǚyóu.	· 어떤 계획이 있는지 묻고, 대답하기 · 打算 ~하려고 하다 · 跟 ~와
10	· Diànyǐng shénme shíhou kāishǐ? · Wǎnshang qī diǎn bàn kāishǐ.	· 언제 무엇을 하는지 묻고, 대답하기 · 快要~了 곧 ~하려 고 하다

1
- Nǐ zuò jǐ diǎn de fēijī qù Shànghǎi?
- Shí diǎn bàn de fēijī.

- 여러 교통수단의 시간 말하기
- 중국의 주요 도시와 명승지
- 几点的飞机 몇 시 비행기

2
- Zhōngguó yǒu duō dà?
- Zhōngguó shì Hánguó de jiǔshíliù bèi.

- 키와 몸무게 묻고 대답하기
- 비교에서 구체적인 차이 표현하기
- 多高 키를 물을 때
- 多重 몸무게를 물을 때

3
- Nǎ ge shì wǒ de fángjiān?
- Jiù shì nàge.

- 의문 대명사 哪
- 집에 있는 여러 공간 이름 익히기

4
- Nǐ cóng nǎr lái?
- Wǒ cóng Dōngjīng lái.

- 전치사 从
- 어디에서 왔는지 묻고 대답하기
- 여러 나라의 수도

5
- Nǐ zài jǐ bān?
- Wǒ zài wǔ nián èr bān.

- 몇 학년 몇 반인지 묻고 대답하기
- 상대방의 의향 묻기
- 怎么样 어때요?

6
- Nǐ zuì xǐhuan shénme kè?
- Wǒ zuì xǐhuan měishù kè.

- 교과목 이름 익히기
- 어떤 교과목을 가장 좋아하는지 묻고 대답하기
- 最 가장, 제일
- 课 수업

7
- Nǐ de àihào shì shénme?
- Wǒ de àihào shì tī zúqiú.

- 여러 가지 취미
- 爱好 취미

8
- Nǐ zěnme bú zuò xiàochē?
- Wǒ yéye lái jiē wǒ.

- 이유 묻고 대답하기
- 어떻게 집에 가는지 묻고 대답하기
- 怎么不 왜 ~하지 않느냐
- 怎么 왜 ~어떻게

9
- Nàbian mài shénme?
- Nàbian mài bīngqílín, wǒ yào yí ge cǎoméi bīngqílín.

- 놀이기구 중국어로 말해 보기
- 무엇을 파는지 묻고 대답하기
- 要 필요하다

10
- Wǒ lái Shànghǎi dōu sì ge yuè le.

- 중국어로 친구에게 편지나 카드 쓰기
- 시간의 양을 나타내는 말 익히기
- 都 벌써, 이미

你们早点儿睡觉吧。
Nǐmen zǎo diǎnr shuìjiào ba.

妈妈，明天我们坐几点的飞机去上海？
Māma, míngtiān wǒmen zuò jǐ diǎn de fēijī qù Shànghǎi?

上午十点半的飞机。
Shàngwǔ shí diǎn bàn de fēijī.

 明天能见到爸爸吗？
Míngtiān néng jiàndào bàba ma?

 对，爸爸开车来机场接我们。
Duì, bàba kāichē lái jīchǎng jiē wǒmen.

 哇，太好了！
Wā, tài hǎo le!

단어

- 早点儿 zǎo diǎnr 조금 일찍
- 坐 zuò (탈 것에) 타다
- 上午 shàngwǔ 오전
- 对 duì 맞다, 옳다
- 开车 kāichē 차를 운전하다
- 机场 jīchǎng 공항
- 接 jiē 마중하다

1 Nǐ zuò jǐ diǎn de fēijī qù Shànghǎi?
你坐几点的飞机去上海？

2 Shí diǎn bàn de fēijī.
十点半的飞机。

10 : 30

4 Qī diǎn èrshí fēn de huǒchē.
七点二十分的火车。

3 Nǐ zuò jǐ diǎn de huǒchē qù Xī'ān?
你坐几点的火车去西安？

7 : 20

5 Nǐ zuò jǐ diǎn de chángtú qìchē qù Běijīng?
你坐几点的长途汽车去北京？

6 Liǎng diǎn yí kè de chángtú qìchē.
两点一刻的长途汽车。

2:15

※ 长途汽车 chángtú qìchē 시외버스
船 chuán 배

7 Nǐ zuò jǐ diǎn de chuán qù Xiānggǎng?
你坐几点的船去香港？

8:50

8 Bā diǎn wǔshí fēn de chuán.
八点五十分的船。

练习 liànxí 03

Běijīng
Chángchéng

Shànghǎi
Dōngfāngmíngzhūtǎ

Xī'ān
Bīngmǎyǒng

Xiānggǎng
Díshìní lèyuán

一起玩儿吧 yìqǐ wánr ba

여행지 찾기 게임

Wǒ zuò fēijī qù Shànghǎi.

fēijī
飞机

huǒchē
火车

chángtú qìchē
长途汽车

qìchē
汽车

chuán
船

Shànghǎi
上海

Běijīng
北京

Xī'ān
西安

Sìchuān
四川

Xiānggǎng
香港

✻ 부록에 있는 단어 카드를 모두 뒤집어 놓으세요. 한 사람이 카드 두 장을 고르고, 가져간 카드가 장소와 교통수단이면 "Wǒ zuò _____ qù _____."라고 말하고 카드를 가져갈 수 있지만 카드가 같은 종류일 때는 가져갈 수 없습니다.

Nánnan de bàba _____ Shànghǎi gōngzuò.

난난의 아빠는 상하이에서 일하신다.

※工作 gōngzuò 일하다 ❶

Nánnan, jiějie hé māma míngtiān _____ shí diǎn bàn de fēijī qù Shànghǎi.

난난, 언니와 엄마는 내일 10시 반 비행기를 타고 상하이에 간다.

Bàba yào _____ qù jīchǎng jiē tāmen.

아빠는 차를 운전해서 공항으로 마중 갈 것이다. ❸

Nánnan fēicháng gāoxìng.

난난은 아주 기분이 좋다.

※非常 fēicháng 매우

힌트 zuò kāichē zài

 做一做 zuò yi zuò **연습문제**

① 잘 듣고 들은 내용과 그림이 일치하면 〇표, 일치하지 않으면 ✕표 하세요. 🎧

❶

❷

❸

② 다음 한자에 알맞은 병음을 고르세요.

❶ 飞机

❷ 上海

❸ 机场

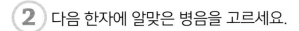

| fēijī | fèijí | Sànghái | Shànghǎi | zīchǎng | jīchǎng |

③ 빈칸에 알맞은 스티커를 붙이고 교통수단의 이름을 중국어로 말해 보세요.

chuán

qìchē

huǒchē

fēijī

火车开了 기차가 출발합니다

kāchākāchā kāchākāchā huǒchē kāi le kāchākāchā huǒchē pǎo de duō me hǎo

huǒchē sī jī kāizhe huǒ chē kāchākāchā kāchākāchā xiàngqián bēn pǎo

칙칙폭폭, 칙칙폭폭 기차가 출발합니다   칙칙폭폭 기차가 신나게 달립니다

기관사가 기차를 운전합니다   칙칙폭폭, 칙칙폭폭 앞으로 달려갑니다

Unit 2 中国有多大？

 妈妈，到上海要多长时间？
Māma, dào Shànghǎi yào duō cháng shíjiān?

 一个半小时就到。
Yí ge bàn xiǎoshí jiù dào.

단어

- 有 yǒu ~만큼 되다, ~만하다
- 多大 duō dà 얼마나 큰
- 到 dào 도착하다
- 要 yào 필요하다
- 多长时间 duō cháng shíjiān 얼마 동안
- 一个半小时 yí ge bàn xiǎoshí 한 시간 반
- 旁边 pángbiān 옆
- 离 lí ~로부터
- 远 yuǎn 멀다
- 倍 bèi ~배

 上海就在北京旁边吗？
Shànghǎi jiù zài Běijīng pángbiān ma?

 不，上海离北京很远。
Bù,　Shànghǎi lí Běijīng hěn yuǎn.

 妈妈，中国有多大？
Māma,　Zhōngguó yǒu duō dà?

 中国是韩国的九十六倍。
Zhōngguó shì Hánguó de jiǔshíliù bèi.

1

Tā yǒu duō gāo?
她有多高?

2

Tā yǒu duō zhòng?
他有多重?

练习 liànxí 09

| Nánnan | Xīnxin | Liàngliang | Dāndan | Qiángqiang |

※ 身高 shēngāo 키
体重 tǐzhòng 몸무게
米 mǐ 미터

| 130cm 28kg | 130cm 28kg | 132cm 32kg | 133cm 30kg | 134cm 36kg |

3

Dāndan yǒu duō gāo?

丹丹有多高？

4

Dāndan bǐ wǒ gāo sān límǐ.

丹丹比我高三厘米。

5

Qiángqiang yǒu duō zhòng?

强强有多重？

6

Qiángqiang bǐ Liàngliang zhòng sì gōngjīn.

强强比亮亮重四公斤。

7

Wǒ gēn Xīnxin yíyàng gāo, wǒ gēn Xīnxin yíyàng zhòng.

我跟欣欣一样高，我跟欣欣一样重。

＊厘米 límǐ 센티미터
公斤 gōngjīn 킬로그램

一起玩儿吧 yìqǐ wánr ba 건강카드 만들기

Wǒ shì Nánnan. Wǒ shíyī suì.
Wǒ de shēngāo yì mǐ sān.
Wǒ de tǐzhòng èrshíbā gōngjīn.

身高

体重

난난 의 건강카드

나이	11살
키	130 cm
몸무게	28 kg

___ 의 건강카드

나이	
키	
몸무게	

※ 부록에 있는 건강카드를 오려서 각자 건강카드를 작성합니다. 작성한 건강카드를 책상 위에 뒤집
어서 섞은 다음, 돌아가면서 카드를 한 장씩 고르고 이름, 나이, 키, 몸무게를 이야기합니다.

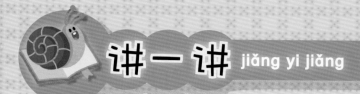 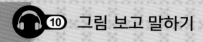 jiǎng yi jiǎng

🎧 ⑩ 그림 보고 말하기

Nánnan、jiějie _____
māma zuòshàngle fēijī.

난난, 언니 그리고 엄마는 비행기를 탔다.
❶

1시간 30분

Māma gàosu Nánnan:
_____ yǐhòu dào
Shànghǎi.

엄마는 난난에게 알려주셨다. 한 시간 반 뒤에
상하이에 도착한다고.
❷

Shànghǎi _____ Běijīng
hěn _____ .

상하이는 베이징에서 아주 멀다.
❸   ❹

힌트

lí
hé
yuǎn
yí ge bàn xiǎoshí

✽ 告诉 gàosu 알려주다   以后 yǐhòu 이후

中国有多大？ 23

做一做 **zuò yi zuò**

1 잘 듣고 들은 내용과 그림이 일치하면 ○, 그렇지 않으면 ✕표 하세요.

❶
32kg   36kg

❷

❸
164cm   176cm

2 그림과 내용이 일치하도록 알맞은 한자 스티커를 붙이세요.   大 远

❶

上海离北京很 ▢ 。

❷

中国有多 ▢ ?

3 보기에서 알맞은 말을 찾아 두 사람의 대화를 완성하세요.

Wǒ èrshíbā gōngjīn.

Nǐ yǒu duō gāo?

Nǐ yǒu duō zhòng?

谁更快　누가 더 빠를까요?

xiǎo qīngwā hé tùzi sàipǎo　tiào a tiào a yī èr yī kànkan shéi a shéi gèng kuài a tiào a tiào a yī èr yī

xiǎo wūguī hé wōniú sàipǎo zǒu a zǒu a yī èr yī kànkan shéi a shéi gèng kuài a zǒu a zǒu a yī èr yī

청개구리와 토끼가 경주를 해요. 뛰어라 뛰어라 하나 둘 하나

누가 누가 더 빠를까요. 뛰어라 뛰어라 하나 둘 하나

거북이와 달팽이가 경주를 해요. 영차영차, 하나 둘 하나

누가 누가 더 빠를까요. 영차영차, 하나 둘 하나

我们的新家到了。
Wǒmen de xīn jiā dào le.

哇！真大，真漂亮。有几个房间？
Wā! Zhēn dà, zhēn piàoliang. Yǒu jǐ ge fángjiān?

一共三个房间。这儿是客厅，
Yígòng sān ge fángjiān. Zhèr shì kètīng,

左边是卫生间。
zuǒbian shì wèishēngjiān.

哪个是我们的房间？
Nǎge shì wǒmen de fángjiān?

 你们的房间在楼上，快去看看吧。
Nǐmen de fángjiān zài lóushàng, kuài qù kànkan ba.

단어

- 新家 xīn jiā 새집
- 客厅 kètīng 거실
- 卫生间 wèishēngjiān 화장실
- 房间 fángjiān 방
- 一共 yígòng 모두
- 这儿 zhèr 여기, 이곳
- 楼上 lóushàng 위층, 2층

我们的新家到了。 27

1

Năge shì wǒ de fángjiān?
哪个是我的房间?

2

Jiù shì nàge.
就是那个。

3

Nă jiàn shì wǒ de yīfu?
哪件是我的衣服?

4

Jiù shì zhè jiàn.
就是这件。

6 Zuì lǐbian de nàge.
最里边的那个。

5 Nǎge shì wǒ de zuòwèi?
哪个是我的座位?

✻ 座位 zuòwèi 자리, 좌석
里边 lǐbian 안쪽

8 Chuān hóng yīfu de nà wèi.
穿红衣服的那位。

7 Nǎ wèi shì nǐ de lǎoshī?
哪位是你的老师?

✻ 位 wèi ~분, ~명
穿 chuān (옷을) 입다

wèishēngjiān
卫生间

kètīng
客厅

chúfáng
厨房

wòshì
卧室

shūfáng
书房

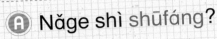 一起玩儿吧 yìqǐ wánr ba **새집을 소개해요**

A Nǎge shì shūfáng?

B Jiù shì nàge.

shūfáng ◯   wòshì ◯

kètīng ◯   chúfáng ◯

wèishēngjiān ◯

※ 난난이의 새집이에요. 먼저 난난이의 새집에는 어떤 공간이 있는지 중국어로 말해보고 그 공간들이 어디에 있는지 친구와 같이 서로 묻고 대답해 보세요.

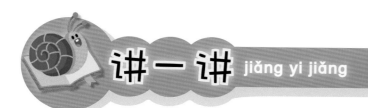
Nánnan _____ le
Shànghǎi de xīn jiā.

난난이는 상하이의 새집에 도착했다.
❶

_____ yòu dà yòu
piàoliang.

새집은 크고 예쁘다.
❷

* 又~又~ yòu~yòu~ ~하고 또 ~하다

Yígòng yǒu sān ge _____ ,
bàba māma de _____ 、
shūfáng, háiyǒu Nánnan hé
jiějie de _____ .

모두 세 개의 방으로, 아빠 엄마의 방, 서재, 그리고
난난이와 언니의 방이다.

| 힌트 | Xīn jiā | dào | fángjiān |

做一做 zuò yi zuò　**연습문제**

1 들려주는 내용과 일치하는 그림을 찾아 순서대로 번호를 쓰세요. 🎧

2 문장을 완성하여 질문에 답해 보세요.

Năge shì wǒ de fángjiān?

_____.

shì　ge

Jiù　nà

3 병음과 한자를 보고 알맞은 그림 스티커를 붙이세요. ☝️

❶

❷

❸

wèishēngjiān
卫生间

shūfáng
书房

chúfáng
厨房

 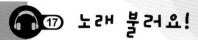

我的新家到了

새집에 도착했어요

wǒ de xīn jiā dào le　xīn jiā yòu dà yòu piàoliang

sān ge fángjiān　yí ge kètīng　yí ge wèishēngjiān

새집에 도착했어요
새집은 크고 예뻐요
방이 세 개, 거실이 하나
화장실이 하나

Unit 4 新同学

同学们好！
Tóngxuémen hǎo!

老师好！
Lǎoshī hǎo!

今天有一位从
韩国来的新同学。
Jīntiān yǒu yí wèi cóng
Hánguó lái de xīn tóngxué.

 你们好！我叫李南南。
Nǐmen hǎo!　Wǒ jiào Lǐ Nánnan.

请大家跟我交朋友。
Qǐng dàjiā gēn wǒ jiāo péngyou.

 大家欢迎！（鼓掌）
Dàjiā huānyíng!　(gǔzhǎng)

4

단어

- 同学 tóngxué 같은 반 친구.
  선생님이 학생을 부를 때 쓰는 말
- 从 cóng ~부터
- 新 xīn 새롭다
- 跟~交朋友 gēn~jiāo péngyou
  ~와 친구를 사귀다
- 大家 dàjiā 여러분
- 欢迎 huānyíng 환영하다
- 鼓掌 gǔzhǎng 손뼉 치다

1
Nǐ cóng nǎr lái?
你从哪儿来？

2
Wǒ cóng Shǒu'ěr lái.
Wǒ shì Hánguórén.
我从首尔来。我是韩国人。

4
Wǒ cóng Dōngjīng lái.
Wǒ shì Rìběnrén.
我从东京来。我是日本人。

3
Nǐ cóng nǎr lái?
你从哪儿来？

5
Nǐ cóng nǎr lái?
你从哪儿来？

6
Wǒ cóng Bālí lái.
Wǒ shì Fǎguórén.
我从巴黎来。我是法国人。

7
Nǐ cóng nǎr lái?
你从哪儿来？

※法国人 Fǎguórén 프랑스 사람

8
Wǒ cóng Huáshèngdùn
lái. Wǒ shì Měiguórén.
我从华盛顿来。我是美国人。

어느 나라의 수도일까요?　서울　도쿄　워싱턴　파리　모스크바　베이징　런던　방콕

4

Shǒu'ěr　　Dōngjīng　　Huáshèngdùn　　Bālí

Mòsīkē　　Běijīng　　Lúndūn　　Màngǔ

Nǐ cóng nǎr lái?

一起玩儿吧 yìqǐ wánr ba 새 친구 소개하기

Nǐmen hǎo! Wǒ jiào Niúniu.
Wǒ cóng Màngǔ lái.
Rènshi nǐmen hěn gāoxìng.
Qǐng nǐmen gēn wǒ jiāo péngyou.

이름

Bīnbin
Fēifei
Wénwen
Ruìrui

도시

Mòsīkē
Lúndūn
Bālí
Màngǔ

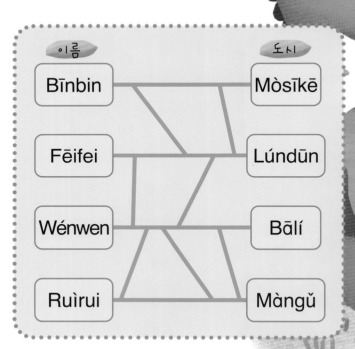

※ 부록에 있는 가면을 오려서 자기만의 니우니우를 만든 다음, 네 명이 한 팀이 되어 옆의 사다리를
따라가 이름과 도시를 정합니다. 이제 니우니우 가면을 쓰고 보기와 같이 자기 소개를 해보세요.
준비물 : 가위, 고무줄

讲一讲 jiǎng yi jiǎng

欣欣的日记 신신의 일기

Jīntiān wǒmen bān láile yí wèi xīn _____ .

오늘 우리 반에 새 친구가 한 명 왔다.

Tā _____ Lǐ Nánnan.

이름은 이난난이라고 한다.
②

Tā _____ Hánguó lái.

한국에서 왔다.
③

Wǒ xiǎng _____ tā jiāo péngyou.

나는 난난과 친구가 되고 싶다.
④

＊日记 rìjì 일기

힌트　　cóng　　gēn　　jiào　　tóngxué

做一做 zuò yi zuò　연습문제

1 잘 듣고 관계있는 그림끼리 서로 연결하세요. 🎧 ㉒

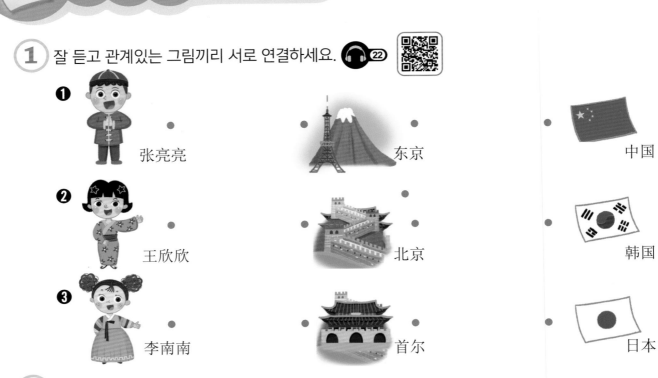

❶ 张亮亮　东京　中国

❷ 王欣欣　北京　韩国

❸ 李南南　首尔　日本

2 두 사람의 대화를 완성하세요.

Wǒ cóng Hánguó lái.

_____.

Nǐ cóng lái nǎr ?

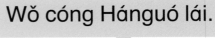

3 빈칸에 들어갈 알맞은 스티커를 붙이고, 국가와 수도이름을 말해 보세요. ✋

❶ 韩国　⬜

　⬜　Shǒu'ěr

❷ ⬜　Zhōngguó

　北京　⬜

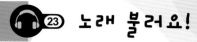

4

找朋友 친구를 찾자

zhǎo ya zhǎo ya zhǎo péng you zhǎo dào yí ge hǎo péng you

jìng ge lǐ ~ wò wo shǒu nǐ shì wǒ de hǎo péng you

jìng ge lǐ ~ wò wo shǒu nǐ shì wǒ de hǎo péng you

찾자, 찾자, 친구를 찾자
친구를 찾았어요
인사하고 악수하고 너는 내 친구
인사하고 악수하고 너는 내 친구

南南，中国学校怎么样?
Nánnan, Zhōngguó xuéxiào zěnmeyàng?

 很有意思。
Hěn yǒuyìsi.

단어

- 有意思 yǒuyìsi 재미있다
- 三年五班 sān nián wǔ bān
  3학년 5반
- 班主任 bānzhǔrèn 담임 선생님
- 亲切 qīnqiè 친절하다

你在几班？
Nǐ zài jǐ bān?

我在三年五班。
Wǒ zài sān nián wǔ bān.

你们班主任老师怎么样？
Nǐmen bānzhǔrèn lǎoshī zěnmeyàng?

她是女的，她很亲切。
Tā shì nǚ de, tā hěn qīnqiè.

5

(1881–1936)

听和说 tīng hé shuō 🎧 25

난난의 중국 학교 생활은 어떨까요?

1
Zhōngguó xuéxiào zěnmeyàng?
中国学校怎么样?

2
Hěn yǒuyìsi.
很有意思。

3
Wǒmen de xīn jiā zěnmeyàng?
我们的新家怎么样?

4
Zhēn dà, zhēn piàoliang.
真大，真漂亮。

练习 liànxí 🎧 26

| 1-3 | 2-8 | 3-5 | 5-2 |

44 新你好 어린이 중국어 4

44 新你好 어린이 중국어 4

5 Shànghǎi zěnmeyàng?
上海怎么样？

6 Hěn rènao.
很热闹。

＊热闹 rènao 변화하다

8 Zhēn hǎochī.
真好吃。

7 Zhège cài zěnmeyàng?
这个菜怎么样？

Nǐ zài jǐ bān?

Wǒ zài yī nián sān bān.

| | shǒutào | | màozi | | yǔsǎn |
| | xióngmāo | | bēizi | | wánjù wáwa |

※ 난난의 교실입니다. 그림에서 숨은 그림을 찾아 알맞은 칸에 스티커를 붙이세요.

숨은 그림 : 장갑, 판다, 모자, 컵, 우산, 인형

5

Nánnan gàosu bàba: Zhōngguó
xuéxiào hěn _____.

난난이가 아빠에게 중국 학교는 아주
재미있다고 이야기한다.
①

Tā shì sān nián wǔ _____
de xuéshēng.

난난이는 3학년 5반이다.

Bānzhǔrèn lǎoshī shì nǚ de,
tā hěn _____.

담임 선생님은 여자 선생님인데, 아주 친절하시다.

힌트

qīnqiè

yǒuyìsi

bān

做一做 zuò yi zuò 연습문제

① 들려주는 내용과 일치하는 그림을 찾아 순서대로 번호를 쓰세요. 🎧28

② 들려주는 내용과 일치하는 한자에 ○하세요. 🎧29

❶

老师 学生

❷

半 班

❸

学校 学习

③ 누가 몇 학년 몇 반인지 중국어로 말해 보세요.

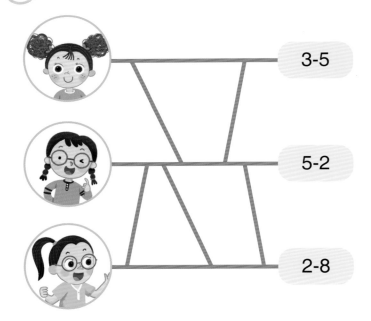

3-5

5-2

2-8

❶ 南南在 [　　　　　] 。

❷ 姐姐在 [　　　　　] 。

❸ 青青在 [　　　　　] 。

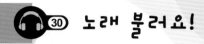

上学歌 학교 가는 길

tài yáng dāngkōng zhào　huār duì wǒ xiào　xiǎo niǎo shuō
wǒ qù shàng xué xiào　tiāntiān bù chí dào　ài xué xí

zǎo zǎo zǎo　nǐ wèi shén me　bēi shàng xiǎo shū bāo
ài láo dòng　zhǎng dà yào wèi　guó jiā lì gōng láo

해님은 하늘에서 반짝, 꽃은 날 보고 생긋 새가 인사하네
"안녕, 안녕, 안녕! 왜 책가방을 메었니?"
"나는 학교에 가, 지각하지 않고, 열심히 공부하고,
　열심히 활동해서, 이다음에 나라의 일꾼이 될 거야."

明天都有什么课?

 明天都有什么课?
Míngtiān dōu yǒu shénme kè?

 这是我的课程表。
Zhè shì wǒ de kèchéngbiǎo.

 明天星期一。
Míngtiān xīngqīyī.

上午有语文、英语、数学，
Shàngwǔ yǒu yǔwén、 Yīngyǔ、 shùxué,

下午有美术和体育。
xiàwǔ yǒu měishù hé tǐyù.

 我最喜欢美术课。
Wǒ zuì xǐhuan měishù kè.

6

단어

- 课 kè 수업
- 课程表 kèchéngbiǎo 수업 시간표
- 语文 yǔwén 어문 국어
- 英语 Yīngyǔ 영어
- 数学 shùxué 수학
- 美术 měishù 미술
- 体育 tǐyù 체육

yīnyuè kè 音乐课

tǐyù kè 体育课

měishù kè 美术课

zìrán kè 自然课

shèhuì kè 社会课

yǔwén kè 语文课

Yīngyǔ kè 英语课

shùxué kè 数学课

wēijī kè 微机课

1 Nǐ zuì xǐhuan shénme kè?
你最喜欢什么课？

2 Wǒ zuì xǐhuan měishù kè.
我最喜欢美术课。

3 Nǐ zuì xǐhuan shénme kè?
你最喜欢什么课？

4 Wǒ zuì xǐhuan wēijī kè.
我最喜欢微机课。

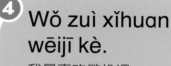

5 Nǐ zuì xǐhuan shénme kè?
你最喜欢什么课？

6 Wǒ zuì xǐhuan yīnyuè kè.
我最喜欢音乐课。

一起玩儿吧 yìqǐ wánr ba　　과목 빙고 게임

✻ 부록에 있는 카드를 자른 뒤, 짝과 함께 번갈아가며 그림 위에 말을 놓고 해당 칸의 교과목 이름을
　넣어 "Wǒ zuì xǐhuan ＿＿＿＿ kè."라고 말하세요. 상대방의 말을 피해 세 개를 한 줄로 먼저 놓으
　면 이기는 게임입니다.

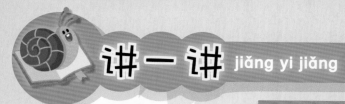
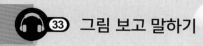

6

Nánnan gēn māma yìqǐ kàn _____.

난난이 엄마와 함께 <u>시간표</u>를 본다.

_____ yǒu yǔwén、 Yīngyǔ hé shùxué.

<u>오전</u>에는 국어, 영어, 수학 수업이 있다. ❷

Nánnan _____ měishù kè.

난난은 미술 수업을 <u>가장</u> 좋아한다. ❸

힌트 zuì xǐhuan   Shàngwǔ   kèchéngbiǎo

做一做 zuò yi zuò　**연습문제**

1 들려주는 내용이 맞으면 ○, 틀리면 ✕표 하세요. 🎧 ❸❹

❶ [　　]　　❷ [　　]　　❸ [　　]

2 교과목 이름에 알맞은 병음에 ○하세요.

❶ 数学　　xùxuě / shùxué

❷ 社会　　shèhuì / sèhuì

❸ 音乐　　yīngyuè / yīnyuè

3 관계있는 것끼리 서로 연결하고, 알맞은 그림 스티커를 붙이세요.

❶ Nánnan xǐhuan měishù kè. •　　• 体育课

❷ Liàngliang xǐhuan wēijī kè. •　　• 美术课

❸ Qiángqiang xǐhuan tǐyù kè. •　　• 微机课

数星星 별 세기

天上小星星，	Tiānshàng xiǎo xīngxing,
地上小青青。	dìshàng xiǎo Qīngqing.
青青数星星，	Qīngqing shǔ xīngxing,
星星亮晶晶。	xīngxing liàngjīngjīng.
青青数星星，	Qīngqing shǔ xīngxing,
星星数不清。	xīngxing shǔ bu qīng.

하늘에는 작은 별, 땅에는 꼬마 칭칭이.
칭칭이 별을 세요, 별은 반짝 반짝.
칭칭이 별을 세요, 어쩌나 다 셀 수 없을 것 같아요.

明天都有什么课？ 57

你的爱好是什么?

 强强，你的爱好是什么?
Qiángqiang, nǐ de àihào shì shénme?

 我的爱好是踢足球。你呢?
Wǒ de àihào shì tī zúqiú.　　Nǐ ne?

 我最喜欢画画儿。丹丹，你呢?
Wǒ zuì xǐhuan huà huàr.　　Dāndan,　nǐ ne?

 我喜欢弹钢琴。
Wǒ xǐhuan tán gāngqín.

단어
- 爱好 àihào 취미
- 踢足球 tī zúqiú 축구하다
- 画画儿 huà huàr 그림을 그리다
- 弹钢琴 tán gāngqín 피아노를 치다
- 厉害 lìhai 대단하다

丹丹弹钢琴弹得很好。
Dāndan tán gāngqín tán de hěn hǎo.

 你真厉害。
Nǐ zhēn lìhai.

7

2 Tā tī de hěn hǎo.
他踢得很好。

1 Qiángqiang tī zúqiú tī de zěnmeyàng?
强强踢足球踢得怎么样?

4 Tā huà de hěn hǎo.
她画得很好。

3 Nánnan huà huàr huà de zěnmeyàng?
南南画画儿画得怎么样?

5 Xīnxin zuò cài zuò de zěnmeyàng?
欣欣做菜做得怎么样?

6 Tā zuò de bú tài hǎo.
她做得不太好。

※ 做菜 zuò cài 요리를 만들다

7

Dāndan tán gāngqín tán de zěnmeyàng?
丹丹弹钢琴弹得怎么样?

8

Tā tán de hěn hǎo.
她弹得很好。

Nǐ de àihào shì shénme?

Wǒ de àihào shì tī zúqiú.

tī zúqiú
踢足球

huà huàr
画画儿

zuò cài
做菜

tán gāngqín
弹钢琴

xià qí
下棋

✳ 下棋 xià qí 바둑을 두다

一起玩儿吧 yìqǐ wánr ba

나는 슈팅 왕!

팬더의 표정에 맞게 주어진 표현을 넣어서 말해 보세요.

 Wǒ tī zúqiú tī de hěn hǎo.

 Wǒ tī zúqiú tī de bù hǎo.

※ 두 사람이 한 팀이 되어 말과 동전을 준비하세요. 동전의 앞면이 나오면 두 칸, 뒷면이 나오면 한 칸 앞으로 갑니다. 도착한 칸에 써 있는 단어와 표정을 보고 말해 보세요.

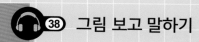 38 그림 보고 말하기

Qiángqiang _____ Dāndan shì Nánnan de hǎo péngyou.

치앙치앙과 단단은 난난의 친구다.
①

※ 爱 ài ~하기를 좋아하다

Qiángqiang ài _____ zúqiú.

치앙치앙은 축구하는 것을 좋아한다.
②

Nánnan _____ huà huàr.

난난은 그림 그리기를 좋아한다.

힌트

gāngqín
hé
tī
xǐhuan

Dāndan tán _____ tán de hǎojí le.

단단은 피아노를 아주 잘 친다.
④

※ 极 jí 매우 ~하다(강조, 뒤에 보통 了가 옴)

做一做 zuò yi zuò　연습문제

1 들려주는 내용이 그림과 일치하면 ○, 일치하지 않으면 ✕표 하세요.

❶

❷

2 그림을 보고 알맞은 한자 스티커를 붙이세요.

❶

弹 ⬜

❷

画 ⬜

❸

踢 ⬜

> 钢琴　足球　画儿

3 빈칸을 채우고 친구의 취미를 묻고 답해 보세요.

Ⓐ 你的爱好是什么?

Ⓑ 我的爱好是 ⬜ 。

Ⓐ 你 ⬜ ⬜ ⬜ 得怎么样?

Ⓑ 我 ⬜ 得 ⬜ 。

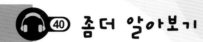
爱好

취미

爬山
pá shān

唱歌
chàng gē

看书
kàn shū

跳舞
tiào wǔ

我爸爸喜欢爬山。

我妈妈爱唱歌。

我姐姐的爱好是看书。

小狗就爱跳舞。

我有很多爱好，最大
的爱好是画画儿。

小朋友，请你说说你
的家人有什么爱好。

Unit 8 放学回家

 放学了。走，咱们回家吧！
Fàngxué le. Zǒu, zánmen huíjiā ba!

 你怎么不坐校车啊？
Nǐ zěnme bú zuò xiàochē a?

 我爷爷来接我。
Wǒ yéye lái jiē wǒ.

 你家住在哪儿？
Nǐ jiā zhùzài nǎr?

 在学校附近，骑车五分钟就到。
Zài xuéxiào fùjìn, qíchē wǔ fēnzhōng jiù dào.

 明天见！
Míngtiān jiàn!

校车

8

단어

- 放学 fàngxué 수업을 마치다
- 回家 huíjiā 집에 가다
- 咱们 zánmen 우리
- 校车 xiàochē 스쿨버스
- 住(在) zhù(zài) ~에 살다
- 附近 fùjìn 부근, 근처
- 怎么不 zěnme bù 왜 ~하지 않니?

1 Nǐ zěnme bú zuò xiàochē?
你怎么不坐校车?

2 Yéye lái jiē wǒ.
爷爷来接我。

3 Nǐ zěnme bù chī fàn?
你怎么不吃饭?

4 Wǒ gāngcái chī bǐsà le.
我刚才吃比萨了。

※ 刚才 gāngcái 방금, 지금 막

⑤ Nǐ zěnme bù huíjiā?
你怎么不回家?

⑥ Jīntiān wǒ yǒu yí ge yuēhuì.
今天我有一个约会。

＊ 约会 yuēhuì 약속

⑦ Nǐ zěnme bú zuò zuòyè?
你怎么不做作业?

⑧ Jīntiān wǒ méiyǒu zuòyè.
今天我没有作业。

＊ 走路 zǒulù 걷다

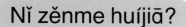

Nǐ zěnme huíjiā?

Wǒ qíchē huíjiā.

qíchē
骑车

zǒulù
走路

zuò xiàochē
坐校车

一起玩儿吧 yìqǐ wánr ba 집에 가는 길

yóujú

gōngyuán

wénjùdiàn

huādiàn

miànbāodiàn

cāntīng

Fàngxué le. Nánnan zuò xiǎochē huíjiā.
Zài huíjiā de lùshang, Nánnan qù yóujú.

※ 난난, 치앙치앙, 단단이 집에 가요. 세 친구는 어떻게 집에 갈까요? 그리고 집에 가는 길에 어디에 들를까요? 부록에 있는 그림 카드를 잘라서 한 장씩 고르고 보기처럼 이야기해 보세요.

讲一讲 jiǎng yi jiǎng 🎧43 그림 보고 말하기

_____ le.
학교 수업이 끝났다.
①

Nánnan _____ huíjiā.
난난은 스쿨버스를 타고 집에
간다.
②

Liàngliang jiā _____ xuéxiào fùjìn.
리앙리앙의 집은 학교 근처에 있다.

힌트
zài
qíchē
Fàngxué
zuò xiàochē

Tā yéye _____ lái jiē tā.
그의 할아버지가 자전거를 타고 데
리러 오신다.
④

做一做 zuò yi zuò 연습문제

1 들려주는 내용과 일치하는 그림을 찾아 순서대로 번호를 쓰세요.

2 친구들이 어떻게 집에 가는지 선을 따라간 후 문장을 완성하세요.

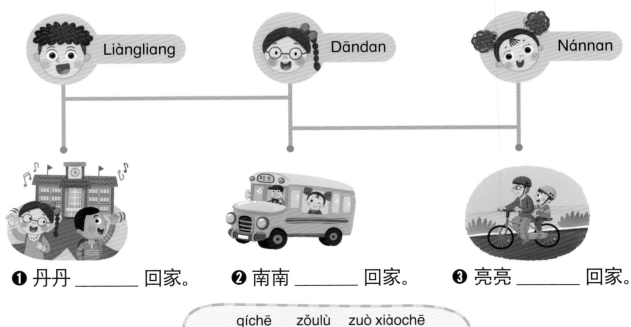

❶ 丹丹 _____ 回家。　❷ 南南 _____ 回家。　❸ 亮亮 _____ 回家。

qíchē　zǒulù　zuò xiàochē
骑车　走路　坐校车

3 주어진 병음을 바르게 배열하여 단어를 완성하세요.

❶ 放学 gfànuéx

❷ 回家 híiāuj

❸ 校车 càēoxih

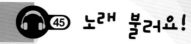

回家吧

집에 가자

ni~ǎ~or shēng shēng   jī ji yòu   zhāzhā   wèn yì shēng niǎo~r   nǐ zhùzài

nǎr   tàiyáng xià shān kuàikuài huíjiā   bú yào wánshuǎ māma xiào hāhā

새 소리, 찍찍 짹짹 새에게 물어요
"어디 살아? 해도 산을 넘어가는데,
더 놀지 말고, 얼른 집으로 돌아가야지.
그래야 엄마가 기뻐하셔."

8

去游乐场玩儿。

爸爸，　　我要坐海盗船。
Bàba,　　wǒ yào zuò hǎidàochuán.

你们在这儿等一会儿，
Nǐmen zài zhèr děng yíhuìr,

我去排队买票。
wǒ qù páiduì mǎi piào.

단어

- 游乐场 yóulèchǎng 놀이동산
- 海盗船 hǎidàochuán 바이킹
- 排队 páiduì 줄을 서다
- 票 piào 표
- 周末 zhōumò 주말
- 卖 mài 팔다
- 棉花糖 miánhuātáng 솜사탕

9

今天是周末，人真多。
Jīntiān shì zhōumò,　rén zhēn duō.

妈妈，那边卖棉花糖，
还有冰淇淋。
Māma, nàbian mài miánhuātáng,
hái yǒu bīngqílín.

等爸爸来了，
咱们再去买。
Děng bàba lái le,
zánmen zài qù mǎi.

去游乐场玩儿。 75

hǎidàochuán
海盗船

pèngpèngchē
碰碰车

1 Nàbian mài shénme?
那边卖什么?

2 Nàbian mài bīngqílín,
wǒ yào yí ge cǎoméi bīngqílín.
那边卖冰淇淋, 我要一个草莓冰淇淋。

＊ 草莓 cǎoméi 딸기

mótiānlún
摩天轮

huángjiā mùmǎ
皇家木马

9

3 Nàbian mài shénme?
那边卖什么?

4 Nàbian mài yǐnliào, wǒ yào yì tīng kělè.
那边卖饮料,我要一听可乐。

✳ 听 tīng 캔(깡통을 세는 말)

5 Nàbian yǒu shénme?
那边有什么?

6 Nàbian yǒu pèngpèngchē, wǒ yào zuò yí cì.
那边有碰碰车,我要坐一次。

✳ 次 cì 번, 횟수

암호를 풀어라!

0 11 3 19 4 22

6 23 7 18 0 13 0 10

6 14 2 15 8 21

1 17 1 17 8 12

※성조는 무시해도 됩니다.

m	p	d	t	l	g	h	j
0	1	2	3	4	5	6	7
ch	sh	a	o	e	u	ai	ao
8	9	10	11	12	13	14	15
an	eng	ia	ian	uo	uan	un	uang
16	17	18	19	20	21	22	23

✳ 놀이동산에 가면 많은 놀이기구들이 있지요. 그것을 중국어로는 어떻게 말할까요? 숫자 암호를 풀면 놀이기구의 이름을 알 수 있어요.

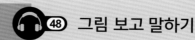

Bàba māma dài
Nánnan hé jiějie
qù _____ wánr.

아빠 엄마는 난난과 언니를 데리고
놀이동산에 놀러 갔다.

❶

Nánnan zuòle

_____ 、

pèngpèngchē.

난난은 바이킹과 범퍼카를 탔다.

❷

Hái chīle _____
hé bīngqílín.

솜사탕과 아이스크림도 먹었다.

Nánnan kāixīn jí le.

난난은 기분이 아주 좋았다.

힌트   miánhuātáng   yóulèchǎng   hǎidàochuán

9

做一做 zuò yi zuò　연습문제

① 잘 듣고 난난이 먹은 것에 ○ 하고, 그림 스티커를 붙이세요. 🎧 49 👆

② 타 보았거나 타고 싶은 놀이기구를 생각한 뒤 대답하세요.

❶ Wǒ zuòguo [　　　　　　　].

❷ Wǒ xiǎng zuò [　　　　　　　].

hǎidàochuán　huángjiā mùmǎ
pèngpèngchē　mótiānlún

③ 다음 빈칸에 공통으로 들어갈 한자를 찾아 쓰세요.

❶

| 游 | | 场 |

❷

| 可 | |

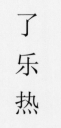

了
乐
热

碰碰车 범퍼카

公园里面碰碰车，	Gōngyuán lǐmian pèngpèngchē,
坐着兰兰和南南。	zuòzhe Lánlan hé Nánnan.
南南开车碰兰兰，	Nánnan kāichē pèng Lánlan,
兰兰开车躲南南。	Lánlan kāichē duǒ Nánnan.
兰兰南南碰一起，	Lánlan Nánnan pèng yìqǐ,
乐坏了南南和兰兰。	lèhuàile Nánnan hé Lánlan.

공원에 범퍼카 란란과 난난이 범퍼카를 타고 있어요.
난난이 란란에게 다가가 '꽝' 하고 부딪쳤어요.
란란은 깜짝 놀라 난난을 피해 얼른 달아났어요.
이번에는 란란과 난난이 서로 '꽝' 하고 부딪쳤어요.
난난과 란란은 아주 신이 났어요.

단어

- 信 xìn 편지
- 亲爱 qīn'ài 사랑하다, 친애하다
- 最近 zuìjìn 최근, 요즈음
- 过 guò 지내다
- 想念 xiǎngniàn 그리워하다
- 到时候 dào shíhou 그때가 되다

亲爱的北北：

　　你好！我是南南。最近过得怎么样？

　　时间过得真快！我来上海都四个月了。东东和明明都好吗？我很想念你们。寒假我要回韩国，到时候我们再见吧。

　　祝你

天天快乐！

南南

Qīn'ài de Běibei：

　　Nǐ hǎo！ Wǒ shì Nánnan. Zuìjìn guò de zěnmeyàng?

　　Shíjiān guò de zhēn kuài！ Wǒ lái Shànghǎi dōu sì ge yuè le.

Dōngdong hé Míngming dōu hǎo ma? Wǒ hěn xiǎngniàn nǐmen.

Hánjià wǒ yào huí Hánguó, dào shíhou wǒmen zàijiàn ba.

　　Zhù nǐ

Tiāntiān kuàilè!

Nánnan

yí ge xiǎoshí
一个小时

liǎng ge xiǎoshí
两个小时

sān ge xiǎoshí
三个小时

yì tiān
一天

liǎng tiān
两天

sān tiān
三天

yí ge yuè
一个月

liǎng ge yuè
两个月

sān ge yuè
三个月

yì nián
一年

liǎng nián
两年

sān nián
三年

2 Wǒmen dōu hěn hǎo.
我们都很好。

1 Wǒ lái Shànghǎi dōu sì ge yuè le, nǐmen guò de zěnmeyàng?
我来上海都四个月了，你们过得怎么样？

4 Wǒ xué Hànyǔ dōu liǎng nián le.
我学汉语都两年了。

3 Nánnan, nǐ de Hànyǔ shuō de búcuò.
南南，你的汉语说得不错。

5 Dāndan láile ma?
丹丹来了吗？

6 Méiyǒu, wǒ děng tā dōu èrshí fēnzhōng le.
没有，我等她都二十分钟了。

一起玩儿吧 yìqǐ wánr ba　　**회전판 돌리기**

Wǒ xué Hànyǔ dōu [liǎng nián] le.

sì ge yuè

wǔ ge yuè

sān ge yuè

liù ge yuè

liǎng ge yuè

yì nián

yí ge yuè

liǎng nián

free

sān nián

※ 가운데 연필을 놓고 돌려서 해당하는 칸의 표현을 이용하여 예와 같이 말해 보세요.
free 칸이 나오면 자유롭게 대답하면 됩니다.

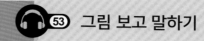

Nánnan lái Shànghǎi dōu _____ le.

난난은 상하이에 온 지 벌써 네 달이 되었다. ①

Tā _____ Zhōngguó xuéxiào rènshile hěn duō xīn tóngxué.

난난은 중국 학교에서 새 친구를 많이 사귀게 되었다.

10

Búguò, Nánnan hěn _____ Hánguó de péngyoumen.

그러나 난난은 한국에 있는 친구들이 몹시 보고 싶었다.

Tā gěi Běibei xiě xìn, gàosu Běibei hánjià tā yào _____ Hánguó.

베이베이에게 편지를 써서 겨울방학에 한국으로 돌아갈 것이라고 알려주었다. ④

힌트   xiǎngniàn   huí   sì ge yuè   zài

＊认识 rènshi 알다

做一做 zuò yi zuò **연습문제**

1 들려주는 내용과 일치하는 그림에 ○하세요. 🎧 54

❶

❷

2 스티커를 붙여 시간 기차를 완성하세요. (단, 시간이 적은 순서에서 많은 순서로). 👆

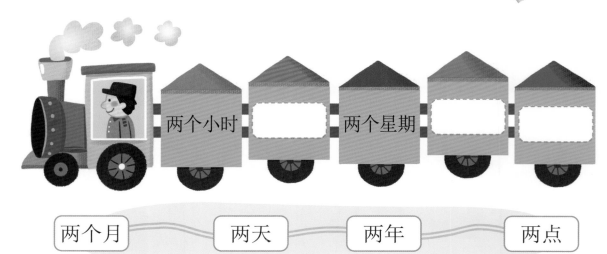

两个小时　　两个星期

| 两个月 | 两天 | 两年 | 两点 |

3 아래 빈칸에 공통으로 들어갈 단어를 쓰세요.

❶ Wǒmen ___ shì hǎo péngyou.

❷ Wǒ xué Hànyǔ ___ liù ge yuè le.

dōu

duō

bù

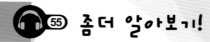

祝愿语 축원의 인사말

祝全家幸福!   Zhù quánjiā xìngfú!

祝你学习进步!   Zhù nǐ xuéxí jìnbù!

祝你身体健康!   Zhù nǐ shēntǐ jiànkāng!

祝你万事如意!   Zhù nǐ wànshì rúyì!

祝你生活愉快!   Zhù nǐ shēnghuó yúkuài!

가족이 행복하길 바래!

공부 잘 하길 바래!

건강하길 바래!

모든 것이 네 뜻대로 되길 바래!

즐겁게 생활하길 바래!

10

1 明天我们去上海。

본문 해석　　　　　　　　　　　p.10

엄마　일찍 자렴.

언니　엄마, 내일 우리 몇 시 비행기로 상하이에 가요?

엄마　오전 10시 반 비행기란다.

난난　내일 아빠 만날 수 있나요?

엄마　그럼, 아빠가 공항으로 우리를 마중 나오실 텐데.

난난, 언니　야, 정말 신난다.

tīng hé shuō　　　　　　　　p.12,13

❶ 너는 몇 시 비행기를 타고 상하이에 가니?

❷ 10시 반 비행기야.

❸ 너는 몇 시 기차를 타고 시안에 가니?

❹ 7시 20분 기차야.

❺ 당신은 몇 시 시외버스를 타고 베이징에 가나요?

❻ 2시 15분 시외버스야.

❼ 너는 몇 시 배를 타고 홍콩에 가니?

❽ 8시 50분 배야.

그림 보고 말하기　　　　　　　p.15

① zài　　　　　② zuò

③ kāichē

연습문제 정답　　　　　　　　p.16

① ① 〇　　② ✕　　③ ✕

② ① fēijī　fèijí

② Sànghái　 Shànghǎi

③ zīchǎng　jīchǎng

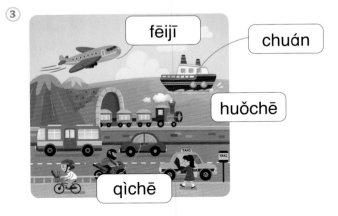

fēijī　chuán　huǒchē　qìchē

노래 가사　　　　　　　　　　p.17

咔嚓咔嚓 咔嚓咔嚓 火车开了

咔嚓咔嚓 火车跑得 多么好

火车司机 开着火车 咔嚓咔嚓 咔嚓咔嚓 向前奔跑

・多么好 duōme hǎo 얼마나 좋은가　・司机 sījī 기관사

2 中国有多大？

본문 해석　　　　　　　　　　p.18,19

언니　엄마, 상하이에 도착하려면 얼마나 걸려요?

엄마　한 시간 반이면 도착한단다.

난난　상하이는 베이징 옆에 있나요?

엄마　아니, 상하이는 베이징에서 아주 멀단다.

난난　엄마, 중국은 얼마나 커요?

엄마　중국은 한국의 96배란다.

tīng hé shuō　　　　　　　　p.20,21

❶ 그녀는 키가 얼마나 크니?

❷ 그는 몸무게가 얼마나 되니?

❸ 단단이는 키가 얼마나 크니?

❹ 단단이는 나보다 3센티가 더 커.

❺ 치앙치앙은 몸무게가 어떻게 되니?

❻ 치앙치앙은 리앙리앙보다 4킬로그램이 더 나가요.

❼ 나는 신신이랑 키와 몸무게가 같아요.

그림 보고 말하기   p.23

① hé   ② yí ge bàn xiǎoshí

③ lí   ④ yuǎn

연습문제 정답   p.24

① ① ✗   ② ✗   ③ ○

② ① 远   ② 大

③ Nǐ yǒu duō zhòng?

노래 가사   p.25

小青蛙和兔子赛跑 跳啊跳啊一二一

看看谁啊谁更快啊 跳啊跳啊一二一

小乌龟和蜗牛赛跑 走啊走啊一二一

看看谁啊谁更快啊 走啊走啊一二一

• 青蛙 qīngwā 청개구리   • 赛跑 sàipǎo 경주하다

• 乌龟 wūguī 거북이   • 蜗牛 wōniú 달팽이

3 我们的新家到了。

본문 해석   p.26,27

아빠   우리 새집에 도착했다.

난난   와! 정말 크고 예쁘다. 방이 몇 개예요?

아빠   방은 모두 세 개란다. 여기는 응접실이고
       왼쪽은 화장실이란다.

언니   어디가 우리 방이에요?

아빠   너희들 방은 2층에 있단다. 얼른 가 보렴.

tīng hé shuō   p.28,29

❶ 어느 게 제 방이에요?

❷ 저거란다.

❸ 어느 게 제 옷이에요?

❹ 이거란다.

❺ 어느 게 제 자리예요?

❻ 제일 안쪽이란다.

❼ 어느 분이 너희 선생님이니?

❽ 빨간 옷을 입으신 저 분이에요.

그림 보고 말하기   p.31

① dào   ② Xīn jiā   ③ fángjiān

연습문제 정답   p.32

① 3, 1, 2

② Jiù shì nàge.

③ ①   ②   ③

노래 가사   p.33

我的新家到了 新家又大又漂亮

三个房间，一个客厅，一个卫生间

4 新同学

본문 해석   p.34,35

선생님   여러분 안녕하세요!

학생들   선생님 안녕하세요!

선생님   오늘은 한국에서 새로운 친구가 왔어요.

난난　안녕! 난 이난난이라고 해. 너희들과 친구가
　　　되었으면 해.

선생님　다 같이 환영합시다! (박수)

| tīng hé shuō | p.36 |

❶ 너는 어디에서 왔니?

❷ 나는 서울에서 왔어. 한국 사람이야.

❸ 너는 어디에서 왔니?

❹ 나는 도쿄에서 왔어. 일본 사람이야.

❺ 넌 어디에서 왔니?

❻ 난 파리에서 왔어. 프랑스 사람이야.

❼ 넌 어디에서 왔니?

❽ 난 워싱턴에서 왔어. 미국 사람이야.

| 그림 보고 말하기 | p.39 |

① tóngxué　② jiào　③ cóng　④ gēn

| 연습문제 정답 | p.40 |

①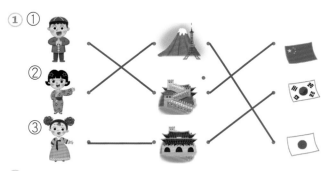

② Nǐ cóng nǎr lái?

③ ① 韩国　Hánguó　首尔　Shǒu'ěr

　② 中国　Zhōngguó　北京　Běijīng

| 노래 가사 | p.41 |

找呀找呀找朋友 找到一个好朋友

敬个礼握握手 你是我的好朋友

敬个礼握握手 你是我的好朋友

· 找 zhǎo 찾다　　　· 敬礼 jìnglǐ 인사하다

· 握手 wòshǒu 악수

5 你在几班?

| 본문 해석 | p.42,43 |

아빠　난난, 중국 학교 어땠니?

난난　굉장히 재미있었어요.

아빠　너는 몇 반이니?

난난　3학년 5반이에요.

아빠　담임 선생님은 어떤 분이시니?

난난　여자 선생님이고 아주 친절하세요.

| tīng hé shuō | p.44,45 |

❶ 중국 학교는 어땠니?

❷ 굉장히 재미있었어요.

❸ 우리 새집 어때?

❹ 정말 크고 예쁘다.

❺ 상하이 어때?

❻ 굉장히 번화해요.

❼ 이 요리 어때?

❽ 정말 맛있어요.

| 그림 보고 말하기 | p.47 |

① yǒuyìsi　② bān　③ qīnqiè

| 연습문제 정답 | p.48 |

① 2, 1, 3

② 老师 学생　半 班　学校 学习

③ ① 南南在 三年五班 。 ② 姐姐在 五年二班 。
③ 青青在 二年八班 。

노래 가사   p.49

太阳当空照 花儿对我笑

小鸟说早早早 你为什么背上小书包

我去上学校 天天不迟到 爱学习

爱劳动 长大要为国家立功劳

· 照 zhào 비추다　　· 背 bēi 짊어지다

· 劳动 láodòng 활동　　· 功劳 gōngláo 공로

6 明天都有什么课?

본문 해석   p.50,51

엄마　내일 무슨 과목이 들었니?

난난　이게 제 시간표예요.

엄마　내일은 월요일이니, 오전에는 국어, 영어, 수
　　　학, 오후에는 미술과 체육이 들었구나.

난난　저는 미술 수업이 제일 좋아요.

tīng hé shuō   p.53

❶ 너는 무슨 과목을 제일 좋아하니?

❷ 나는 미술 수업을 제일 좋아해.

❸ 너는 무슨 과목을 제일 좋아하니?

❹ 나는 컴퓨터 수업을 제일 좋아해.

❺ 너는 무슨 과목을 제일 좋아하니?

❻ 저는 음악 수업을 제일 좋아해요.

그림 보고 말하기   p.55

① kèchéngbiǎo　　② Shàngwǔ

③ zuì xǐhuan

연습문제 정답   p.56

① ① ✕ ② ◯ ③ ✕

② ① xùxuě / (shùxué)　② shèhuì / sèhuì　③ yīngyuè / (yīnyuè)

③
① 体育课
② 美术课
③ 微机课

동시   p.57

· 星星 xīngxing 별　　· 数 shǔ 세다, 헤아리다

· 亮晶晶 liàngjīngjīng 반짝반짝

· 数不清 shǔ bu qīng 이루 다 헤아릴 수 없다

7 你的爱好是什么?

본문 해석   p.58,59

난난　　　치앙치앙, 너의 취미는 뭐니?

치앙치앙　내 취미는 축구야. 너는?

난난　　　나는 그림 그리기를 제일 좋아해. 단단, 너는?

단단　　　난 피아노 치는 걸 좋아해.

치앙치앙　단단이는 피아노를 정말 잘 쳐.

난난　　　정말 대단하다.

tīng hé shuō   p.60, 61

❶ 치앙치앙은 축구 잘 하니?

❷ 치앙치앙은 축구 아주 잘 해.

❸ 난난이는 그림을 잘 그리니?

❹ 난난이는 그림을 아주 잘 그려요.

❺ 신신이는 요리를 잘 하니?

❻ 신신이는 요리를 잘 못 해.

❼ 단단이는 피아노를 잘 치니?

❽ 단단이는 피아노를 아주 잘 쳐.

그림 보고 말하기　　　　　　　p.63

① hé　　② tī　　③ xǐhuan　　④ gāngqín

연습문제 정답　　　　　　　p.64

② ① 钢琴　　② 画儿　　③ 足球

좀더 알아보기　　　　　　　p.65

我爸爸喜欢爬山。我妈妈爱唱歌。

我姐姐的爱好是看书。小狗就爱跳舞。

我有很多爱好，最大的爱好是画画儿。

小朋友，请你说说你的家人有什么爱好。

· 爬山 pá shān 등산하다　　· 唱歌 chàng gē 노래 부르다

· 看书 kàn shū 책을 보다　　· 跳舞 tiào wǔ 춤을 추다

8 放学回家

본문 해석　　　　　　　p.66,67

리앙리앙　수업 끝났다. 자, 집에 가자!

난난　　　너는 왜 스쿨버스 안 타?

리앙리앙　할아버지가 마중 오셔.

난난　　　너는 어디 사니?

리앙리앙　학교 근처에 살아. 자전거 타면 5분이면
　　　　　도착해.

난난　　　내일 봐!

tīng hé shuō　　　　　　　p.68,69

❶ 너는 왜 스쿨버스 안 타?

❷ 할아버지가 마중 오셔.

❸ 너는 왜 밥 안 먹어?

❹ 방금 피자 먹었어.

❺ 너는 왜 집에 안 가?

❻ 오늘 약속이 있거든.

❼ 너는 왜 숙제 안 하니?

❽ 오늘 숙제 없어요.

그림 보고 말하기　　　　　　　p.71

① Fàngxué　　　② zuò xiàochē

③ zài　　　　　④ qíchē

연습문제 정답　　　　　　　p.72

① 3, 1, 2

② ① 丹丹走路回家。　② 南南坐校车回家。
　③ 亮亮骑车回家。

③ ① 放学 fàngxué　　② 回家 huíjiā
　③ 校车 xiàochē

노래 가사　　　　　　　p.73

鸟儿声声叽叽又喳喳

问一声鸟儿你住在哪儿

太阳下山快快回家

不要玩耍妈妈笑哈哈

* 太阳 tàiyáng 해, 태양

* 下山 xià shān 산을 내려가다

* 玩耍 wánshuǎ 놀다, 장난하다

9 去游乐场玩儿。

| 본문 해석 | p.74,75 |

난난 아빠, 저 바이킹 타고 싶어요.

아빠 여기서 잠깐 기다려, 표 사올게.

엄마 오늘은 주말이라 사람이 정말 많구나.

언니 엄마, 저기에 솜사탕 팔아요, 아이스크림도 파네.

엄마 아빠 오시면, 우리 가서 사자.

| tīng hé shuō | p.76,77 |

❶ 저기에는 무엇을 파니?

❷ 아이스크림을 팔아요. 저는 딸기맛 아이스크림이요.

❸ 저기에는 무엇을 파니?

❹ 음료수를 팔아요. 저는 콜라를 마시고 싶어요.

❺ 저기에는 뭐가 있니?

❻ 저기에는 범퍼카가 있어요. 저 한 번 타고 싶어요.

| 그림 보고 말하기 | p.79 |

① yóulèchǎng   ② hǎidàochuán

③ miánhuātáng

| 연습문제 정답 | p.80 |

①

③ 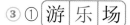 ① 游 乐 场   ② 可 乐

| 동시 | p.81 |

* 碰 pèng 부딪치다

* 躲 duǒ 숨다, 피하다

* 乐坏 lèhuài 아주 즐겁게 되다

10 给北北的信

| 본문 해석 | p.83 |

베이베이에게

안녕! 나 난난이야. 요즘 어떻게 지내? 시간이 정말 빠르다. 상하이에 온 지 벌써 네 달이 되었어. 동동과 밍밍은 모두 잘 있지? 너희들이 아주 보고 싶어. 겨울 방학에 한국에 돌아갈 거야. 그때 우리 만나자. 매일 매일 즐겁길! 난난이가.

| tīng hé shuō | p.85 |

❶ 나는 상하이에 온 지 벌써 네 달이 되었어. 너희 들 어떻게 지내니?

❷ 우리는 모두 잘 지내.

❸ 난난, 중국어를 아주 잘 하는구나.

❹ 저는 중국어를 배운 지 벌써 2년이 되었어요.

❺ 단단이 왔니?

❻ 아니, 그녀를 기다린 지 20분이 되었어.

| 그림 보고 말하기 | p.87 |

① sì ge yuè   ② zài

③ xiǎngniàn   ④ huí

| 연습문제 정답 | p.88 |

①
  ① ○   ( )   ( )   ○

② 两天   两个月   两年

③ ① Wǒmen dōu shì hǎo péngyou.

  ② Wǒ xué Hànyǔ dōu liù ge yuè le.

Unit 1 p.16

1.

❶ Nánnan zuò fēijī qù Shànghǎi.

❷ Bàba zuò chuán qù Běijīng.

❸ Liàngliang zuò huǒchē qù Xiānggǎng.

Unit 2 p.24

1.

❶ Qiángqiang tǐzhòng sānshíliù gōngjīn.

Liàngliang tǐzhòng sānshí'èr gōngjīn.

Qiángqiang bǐ Liàngliang zhòng sān gōngjīn.

❷ Nánnan shēngāo yì mǐ sān.

Xīnxin shēngāo yì mǐ sān.

Nánnan bǐ Xīnxin gāo.

❸ Nánnan de bàba shēngāo yì mǐ qī liù.

Nánnan de māma shēngāo yì mǐ liù sì.

Nánnan de bàba bǐ māma gāo shí'èr límǐ.

Unit 3 p.32

1.

❶ A Nánnan nǐ zài nǎr?

B Wǒ zài fángjiān li.

A Nǐ zài nàr zuò shénme?

B Wǒ zài fángjiān li zuò zuòyè.

Nánnan zài nǎr?

❷ A Nǐ māma zài nǎr?

B Māma zài wèishēngjiān li.

A Tā zài nàr zuò shénme?

B Tā zài wèishēngjiān li xǐ yīfu.

Nánnan de māma zài nǎr?

❸ A Nǐ jiějie zài nǎr?

B Jiějie zài shūfáng li.

A Tā zài nàr zuò shénme?

B Tā zài shūfáng li kàn shū.

Nánnan de jiějie zài nǎr?

Unit 4 p.40

1.

❶ Nǐmen hǎo!

Wǒ jiào Zhāng Liàngliang.

Wǒ cóng Běijīng lái.

Wǒ shì Zhōngguórén.

❷ Nǐmen hǎo!

Wǒ jiào Wáng Xīnxin.

Wǒ cóng Dōngjīng lái.

Wǒ shì Rìběnrén.

❸ Nǐmen hǎo!

Wǒ jiào Lǐ Nánnan.

Wǒ cóng Shǒu'ěr lái.

Wǒ shì Hánguórén.

1.

❶ A Zhōngguó xuéxiào zěnmeyàng?

   B Hěn yǒuyìsi.

❷ A Shànghǎi zěnmeyàng?

   B Hěn rènao.

❸ A Zhège cài zěnmeyàng?

   B Zhēn hǎochī.

2.

❶ Tā shì Nánnan de bānzhǔrèn lǎoshī. Tā hěn qīnqiè.

❷ Zhè shì Nánnan de jiàoshì. Nánnan zài sān nián wǔ bān.

❸ Nánnan zài Zhōngguó xuéxiào shàngxué. Zhōngguó xuéxiào hěn yǒuyìsi.

1.

❶ A Xīngqīyī, nǐ yǒu shèhuì kè ma?

   B Yǒu shèhuì kè.

❷ A Jīntiān xīngqī'èr, nǐ yǒu shénme kè?

   B Shùxué kè、yǔwén kè hé Yīngyǔ kè.

❸ A Liàngliang, jīntiān nǐ yǒu shénme kè?

   B Jīntiān xīngqīsì, yǒu shùxué、měishù hé shèhuì.

1.

❶ A Xiǎogǒu yǒu shénme àihào?

   B Tā xǐhuan huà huàr.

   A Xiǎogǒu huà huàr huà de zěnmeyàng?

   B Tā huà de hěn hǎo.

❷ A Nánnan yǒu shénme àihào?

   B Tā xǐhuan tī zúqiú.

   A Nánnan tī zúqiú tī de zěnmeyàng?

   B Tā tī de hěn hǎo.

1.

❶ A Nǐ zěnme bù chī fàn?

   B Wǒ gāngcái chī bǐsà le.

❷ A Nǐ zěnme bú zuò zuòyè?

   B Jīntiān wǒ méiyǒu zuòyè.

❸ A Nǐ zěnme bú qù xuéxiào?

   B Jīntiān xīngqītiān.

Unit 9   p.80

1.

Jīntiān xīngqītiān.

Nánnan gēn jiārén yìqǐ qù yóulèchǎng.

Tā zài nàr zuòle hǎidàochuán、pèngpèngchē.

Hái chīle bīngqílín hé miánhuātáng.

Tā méi hē kělè.

Nánnan wánr de hěn kāixīn.

Unit 10   p.88

1.

❶ A   Nánnan nǐ lái Shànghǎi jǐ ge yuè le?

   B   Wǒ jīnnián bā yuè lái Shànghǎi de.
Dōu sì ge yuè le.

❷ A   Nánnan、nǐ Hànyǔ shuō de hěn hǎo.
Xuéle duō cháng shíjiān le?

   B   Xièxie yéye. Wǒ xué Hànyǔ dōu liǎng
nián le.

매 과 새단어와 추가 표현 단어 132개를 과별로 정리하였습니다. 얼마나 알고 있는지 확인해 보세요.

Unit 1

早点儿	zǎo diǎnr	조금 일찍
坐	zuò	(탈 것에) 타다
上午	shàngwǔ	오전
对	duì	맞다, 옳다
开车	kāichē	차를 운전하다
机场	jīchǎng	공항
接	jiē	마중하다
长途汽车	chángtú qìchē	시외버스
船	chuán	배
飞机	fēijī	비행기
火车	huǒchē	기차
汽车	qìchē	자동차
上海	Shànghǎi	상해(상하이)
北京	Běijīng	북경(베이징)
西安	Xī'ān	서안(시안)
四川	Sìchuān	사천(스촨)
香港	Xiānggǎng	홍콩
工作	gōngzuò	일하다
非常	fēicháng	매우

Unit 2

有	yǒu	~만큼 되다
多大	duō dà	얼마나 큰
到	dào	도착하다
要	yào	필요하다
多长时间	duō cháng shíjiān	얼마 동안
一个半小时	yí ge bàn xiǎoshí	한 시간 반
旁边	pángbiān	옆
离	lí	~로부터
远	yuǎn	멀다
倍	bèi	~배
厘米	límǐ	센티미터
公斤	gōngjīn	킬로그램
身高	shēngāo	키
体重	tǐzhòng	몸무게
米	mǐ	미터
告诉	gàosu	알려주다
以后	yǐhòu	이후

Unit 3

新家	xīn jiā	새집
客厅	kètīng	거실
卫生间	wèishēngjiān	화장실
房间	fángjiān	방
一共	yígòng	모두
这儿	zhèr	여기, 이곳
楼上	lóushàng	윗층, 2층
座位	zuòwèi	자리, 좌석
里边	lǐbian	안쪽
位	wèi	~분, ~명
穿	chuān	(옷을) 입다
厨房	chúfáng	주방

卧室	wòshì	침실
书房	shūfáng	서재
又~又~	yòu~yòu~	~하고 또 ~하다

Unit 4

同学	tóngxué	같은 반 친구. 선생님이 학생을 부를 때 쓰는 말
从	cóng	~부터
新	xīn	새롭다
跟~交朋友	gēn~jiāo péngyou	~와 친구를 사귀다
大家	dàjiā	여러분
欢迎	huānyíng	환영하다
鼓掌	gǔzhǎng	손뼉 치다
法国人	Fǎguórén	프랑스 사람
首尔	Shǒu'ěr	서울
东京	Dōngjīng	동경(도쿄)
华盛顿	Huáshèngdùn	워싱턴
巴黎	Bālí	파리
鼓掌	Mòsīkē	모스크바
伦敦	Lúndūn	런던
曼谷	Màngǔ	방콕
日记	rìjì	일기

Unit 5

有意思	yǒuyìsi	재미있다
三年五班	sān nián wǔ bān	3학년 5반
班主任	bānzhǔrèn	담임 선생님
亲切	qīnqiè	친절하다
热闹	rènao	번화하다
手套	shǒutào	장갑
玩具娃娃	wánjù wáwa	인형
帽子	màozi	모자
杯子	bēizi	컵
雨伞	yǔsǎn	우산

Unit 6

课	kè	수업
课程表	kèchéngbiǎo	수업 시간표
语文	yǔwén	어문, 국어
英语	Yīngyǔ	영어
数学	shùxué	수학
美术	měishù	미술
体育	tǐyù	체육
自然	zìrán	자연
社会	shèhuì	사회
微机	wēijī	컴퓨터(마이크로컴퓨터)

Unit 7

爱好	àihào	취미
踢足球	tī zúqiú	축구하다
画画儿	huà huàr	그림을 그리다
做菜	zuò cài	요리를 만들다
弹钢琴	tán gāngqín	피아노를 치다
厉害	lìhai	대단하다
下棋	xià qí	바둑을 두다
爱	ài	~하기를 좋아하다
极	jí	매우 (~하다)

Unit 8

放学	fàngxué	수업을 마치다
回家	huíjiā	집에 가다
咱们	zánmen	우리
校车	xiàochē	스쿨버스
住(在)	zhù(zài)	~에 살다
附近	fùjìn	부근, 근처
怎么不	zěnme bù	왜 ~하지 않니?
刚才	gāngcái	방금, 지금 막
约会	yuēhuì	약속
骑车	qíchē	자전거를 타다
走路	zǒulù	걷다
坐校车	zuò xiàochē	스쿨버스를 타다

Unit 9

游乐场	yóulèchǎng	놀이동산
海盗船	hǎidàochuán	해적선, 바이킹
排队	páiduì	줄을 서다
票	piào	표
周末	zhōumò	주말
卖	mài	팔다
棉花糖	miánhuātáng	솜사탕
碰碰车	pèngpèngchē	범퍼카
皇家木马	huángjiā mùmǎ	회전목마
摩天轮	mótiānlún	대관람차
草莓	cǎoméi	딸기
听	tīng	캔(깡통을 세는 말)
次	cì	번, 횟수

Unit 10

信	xìn	편지
亲爱	qīn'ài	사랑하다, 친애하다
最近	zuìjìn	최근, 요즈음
过	guò	지내다
想念	xiǎngniàn	그리워하다
到时候	dào shíhou	그때가 되다
都	dōu	모두
认识	rènshi	알다

저자 소개

원호영

부산대학교 중어중문학과 졸업
중국 상하이 화동사범대학 박사
(현) 부산대학교 중국연구소 전임연구원
(현) 부산대학교 중어중문학과 강사

钱锦(전 금)

중국 남개(南开)대학교 법학과 학사
부산대학교 중어중문학과 석·박사
(현) 영산대학교 중국학과 교수
《开放的都市 '釜山'》중문 번역자
영산대학교 2008년 'Best Teacher 상' 수상

新 니하오 어린이 중국어 ④

개정2판	2024년 3월 20일
저자	원호영 전금(钱锦)
발행인	이기선
발행처	제이플러스
삽화	윤민희
등록번호	제10-1680호
등록일자	1998년 12월 9일
주소	서울시 마포구 월드컵로 31길 62
전화	영업부 02-332-8320 편집부 02-3142-2520
팩스	02-332-8321
홈페이지	www.jplus114.com
ISBN	979-11-5601-250-4(63720)

Memo

Memo

자르는 선
접는 선

1과 p. 14
여행지 찾기 게임

	飞机		上海
	火车		北京
	长途汽车		西安
	汽车		四川
	船		香港

❀ 2과 p. 22 나의 건강카드를 만들어 보세요

❀ 6과 p. 54 카드를 오려 게임을 해 보세요.

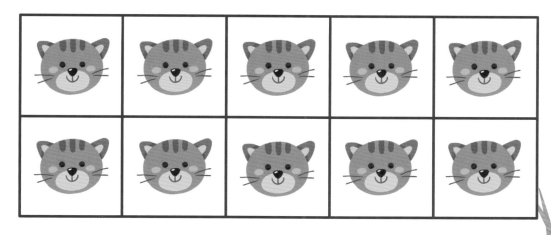

❋ 4과 p. 38 새 친구 소개하기

※ 새 친구 니우니우의 얼굴을 먼저 색칠하세요. 색칠한 니우니우 얼굴을 오린 다음, 두꺼운 종이에 붙이세요.
물론 눈도 뻥 뚫어야겠죠. 고무줄을 이용하여 귀에 걸 수 있도록 구멍도 뚫어 주세요. 이제 완성된 니우니
우 가면을 쓰고, 자기 소개를 해 보세요.

✿ 8과 p. 70 집에 가는 길 : 그림 카드를 오린 다음 뒤집고, 색깔이 서로 다른 세 장의 카드를 뽑아 본문의 보기와 같이 말해 보세요.

Nánnan 南南	Dāndan 丹丹	Qiángqiang 强强
zuòxiàochē 坐校车	qíchē 骑车	zǒulù 走路
yóujú 邮局	miànbāodiàn 面包店	huādiàn 花店
wénjùdiàn 文具店	gōngyuán 公园	cāntīng 餐厅

시작 →

1 你坐几点的飞机去上海?

10:30

2 你有多重?

3

15 我来上海都四个月了, 你们过得怎么样?

14 那边卖什么?

13 你怎么回家?

新 니하오 어린이 중국어

종합 평가

사용 방법

그림을 보면서 질문에 알맞은 대답을 해 보세요.
맞게 대답했을 때는 □ 칸에 ☑ 체크해 주세요.

12 你怎么不坐校车?

11 丹丹弹钢琴弹得怎么样?

10 你的爱好是什么?

9

欣欣有多高?

④ 哪个是我的房间?

④

판

⑤ 你从哪儿来?

⑥ 中国学校怎么样?

⑦ 你在几班?

你最喜欢什么课?

⑧ 明天都有什么课?

나의 실력은?

☑ 12~15개
참 잘했어요! 그동안 열심히 공부했네요. 꾸준히 복습하는 것도 잊지 마세요.

☑ 7~11개
잘했어요! 틀린 곳이 어디인지 다시 확인해 보고, 바르게 고쳐 보세요.

☑ 5~10개
좀더 노력해야겠어요. 공부하고 다시 도전해 보세요.

☑ 0~4개
1과부터 다시 공부하세요.

메모

선생님이 체크해 주세요.

	매우 뛰어남	뛰어남	좋음	노력요함	부족함
회화능력					
듣기능력					
이해력					
어휘력					
응용력					

J PLUS
Language Publishing Co.